ANTIQUITES DU GERS

Monuments païens de Belloc-Saint-Clamens

PAR

l'Abbé CAZAURAN

Archiviste du Grand Séminaire d'Auch

PARIS

MAISONNEUVE et Cᵉ, ÉDITEURS

25, Quai Voltaire, 25

1887

ANTIQUITÉS DU GERS

Monuments païens de Belloc-Saint-Clamens

PAR

l'Abbé CAZAURAN

Archiviste du Grand Séminaire d'Auch

PARIS

MAISONNEUVE et Cie, ÉDITEURS

25, Quai Voltaire, 25

—

1887

DAX. — Imprimerie J. JUSTÈRE, H. LABÈQUE successeur,
rues Neuve et Saint-Vincent.

ANTIQUITÉS DU GERS

Monuments païens de Belloc-Saint-Clamens

Il y a, dans l'Astarac, à quelques kilomètres, au midi de Mirande, un
site délicieux, limité à l'est par une chaîne de fertiles coteaux et arrosé,
du sud au nord, par la grande Baïse : il fut habité dès les siècles les
plus reculés. C'est Saint-Clamens, petite annexe de Belloc (Mirande).
Depuis longtemps déjà, ce coin privilégié avait attiré l'attention des
savants, car la modeste église romane bâtie sur son territoire, possède
un trésor de réelle valeur rendu désormais plus précieux par une
récente découverte. Nous voulons parler du superbe sarcophage païen
en marbre blanc qui sert d'autel à la chapelle mortuaire de Saint-Clamens, et sous lequel on a mis à jour un monument idolâtrique, à coup
sûr supérieur à tous ceux de ce genre conservés en Gascogne.

Nous dirons un mot rapide de ces restes curieux du monde ancien dans
nos contrées.

I. — **Sarcophage** (1) **païen de Saint-Clamens.** — Après
avoir pénétré dans le cimetière, entouré d'une haie vive, jetons un
prompt coup d'œil sur le chevet à pans coupés de l'église, muni de trois
baies romanes dominant, à l'extérieur comme à l'intérieur, de lourdes
colonnettes cylindriques sans base, et à chapiteau grossièrement
sculpté. Ces fenêtres sont pratiquées dans trois sortes de lignes lom-
bardes d'une saillie de vingt-cinq centimètres et d'une largeur d'un
mètre quarante-trois centimètres, qui partagent l'abside en sept
compartiments. Maintenant, pénétrons dans la nef par la porte cintrée
méridionale.

Un bel *oculus* (œil-de-bœuf) placé au-dessus de l'entrée de l'édifice
fraîchement restauré, donne dans l'intérieur, avec une fenêtre percée
dans le mur du nord, une abondante lumière qui contraste avec la demi-
obscurité du sanctuaire, au fond duquel nous distinguons un autel
adossé au mur et protégé par des tapisseries encadrées contre les

(1) Peut-être faudrait-il dire **urne funéraire,** malgré les dimensions du monument,
car la forme de l'auge peut laisser supposer qu'on n'y déposa, après le bûcher, que les
ossements du défunt.

regards indiscrets de la foule. Si nous écartons ces modestes tentures, nous avons sous les yeux un tombeau païen en marbre blanc, d'un réalisme exagéré. Il semblerait appartenir au III⁰ siècle, mais nous n'osons rien préciser à ce sujet.

Divers personnages ailés et nus pour la plupart, malgré le petit manteau romain ramené en arrière et agrafé sur leurs épaules au moyen d'une boucle, ornent la face antérieure du sarcophage divisé en deux éléments, qui sont : le *tombeau* proprement dit et le *couvercle* terminé par un plan oblique, s'inclinant de l'ouest à l'est.

Le tombeau a une longueur d'un mètre soixante-quinze centimètres, et sa hauteur est d'environ soixante-cinq centimètres. La face antérieure du couvercle mesure à peine trente-sept centimètres de hauteur.

Un écu circulaire en forme de médaillon concave, sur le fond duquel se détache en relief le buste d'un personnage (peut-être le portrait du défunt?) est présenté, au centre du tombeau, par deux petits Amours ailés qui le portent péniblement au-dessus de leur tête, tandis que deux génies ailés le soutiennent de leurs mains, avec vigueur, à droite et à gauche. Quatre autres grands génies bien reconnaissables aux flammes sculptées sur leur front (1), se dessinent en saillie au nord et au midi du cartel central historié, vers lequel ils portent leurs pas marqués d'un manifeste empressement.

Le premier, à droite, vêtu d'une sorte de tunique, est armé d'une branche sèche fourchue ; le second brandit un rameau d'olivier (?). Le troisième, à gauche, soutient une faucille au-dessus d'une gerbe de blé couchée par terre, à ses côtés, et le quatrième, près de l'angle septentrional, porte dans sa main droite, un objet rendu méconnaissable par une mutilation certainement involontaire.

Chacun d'eux semble se hâter d'offrir au personnage représenté dans le médaillon, des présents disposés dans des corbeilles chargées de fruits et de fleurs et placées sur leurs mains, de façon à déterminer comme autant de chapiteaux, qui soutiennent le couronnement torique du tombeau. Ces génies représentent les QUATRE SAISONS dont les divers attributs ne se dessinent pas avec assez de netteté, surtout les animaux qui les accompagnent.

Au-dessus de cette scène champêtre fort animée, on aperçoit au milieu

---

(1) Voir nos photographies. — Nous avons reproduit le sarcophage sous trois aspects différents; de face et de profil. — Prix des photographies : 1 fr. l'une. — Auch, *chez J. Moulès, rue de l'Oratoire, 15.*

du couvercle, un cartel rectangulaire évidé, paraissant simuler un tombeau dépourvu d'épitaphe. Quatre Amours ailés courent avec entrain vers ce terme fatal de toute existence, ici-bas. Leur main, armée d'une baguette, fait marcher une roue pleine, image de la vie, mais l'un d'eux, à droite, a rompu la sienne, hélas! Aussi pleure-t-il amèrement sur la fin prématurée de son jouet, symbole d'une vie trop tôt brisée!... (1) Ces dernières sculptures sont plates et peu visibles, comme celles des deux grandes figures (masques de Larves), qu'on aperçoit aux extrémités septentrionale et méridionale du couvercle. Il en est de même de celles des faces latérales du tombeau, on peut s'en rendre compte par nos photographies.

Au côté nord du sarcophage, un beau cep de vigne se dresse entre deux génies. L'un de ceux-ci cueille les fruits que l'autre entasse dans une corbeille. Au midi, les deux mêmes génies portent sur leurs épaules, au moyen d'une tige de bois sinueuse, un panier profond natté dans lequel s'étalent d'abondantes grappes de raisins.

Tout cet ensemble de scènes rustiques n'indiquerait-il pas le caractère essentiellement agricole de l'opulent CITOYEN ROMAIN, dont la sépulture paraît avoir longtemps reçu les hommages idolâtriques de sa famille, et peut-être de la foule ?

II. — Autel (Cippe) païen de Saint-Clamens. — La présence, à Saint-Clamens, du tombeau gallo-romain que nous venons de décrire, fut un mystère jusqu'à ce jour. Mais des fouilles heureuses naguère pratiquées dans l'église, autrefois dépendante de St-Elix, et maintenant annexée à Belloc, semblent devoir nous fournir l'explication de l'énigme. On ne saurait trop féliciter M. l'abbé Trouette, l'excellent et zélé curé de Belloc-Saint-Clamens, d'avoir contribué pour une large part à la solution de ce problème archéologique, par son dévouement à étudier les substructions de l'autel de son annexe, à l'époque de la restauration de cet antique monument.

Tout paraît indiquer qu'à un moment, difficile à préciser, l'église actuelle (ou une autre bâtie avant sur le même emplacement) marqua le triomphe du christianisme sur le paganisme, dans ce coin de notre Gascogne. Est-ce au neuvième ou au dixième siècle que ses murs s'élevèrent dans cette gracieuse plaine encore couverte de souvenirs

---

(1) L'Amour qui pleure porte sa main droite sur ses yeux et tient dans sa main gauche la moitié du disque brisé dont le second fragment est à ses pieds.

gallo-romains : mosaïques, débris de statues, etc.? On n'en sait rien. Mais il est certain qu'au douzième siècle, au moins, les documents écrits attestent l'existence d'un temple chrétien à Saint-Clamens.

Le cartulaire de l'abbaye de Berdoues, fondée en 1134, par Bernard, comte d'Astarac, mentionne l'église de Saint-Clamens et les seigneurs de ce nom, en particulier dans les chartes de 1195, 1204 et 1205. A la première de ces dates, *Auger de Saint-Clamens* donne à l'abbé de Berdoues cent sous morlàs sur « les droits qu'il possède dans l'église de Saint-Clamens et dans ses terres. » En 1204, *Garsie Arnauld de Saint-Clamens*, *Guillaume* et *Bon*, ses fils, donnent à Arnauld, abbé de Berdoues, divers droits, à la condition d'être enterrés dans l'Abbaye, voisine de leur paroisse, avec les honneurs réservés aux religieux. (Archives du Grand Séminaire d'Auch. — *Cartulaire de Berdoues*, fᵒ 52, rᵒ, col. 1, vᵒ c. 1; fᵒ 53, rᵒ c. 1.)

Que l'église (1) de Saint-Clamens se soit élevée sur les ruines d'un monument païen, temple ou mausolée (plutôt mausolée), cela ne paraît point douteux. Voici les motifs de notre croyance à ce sujet. Le déplacement provisoire du sarcophage gallo-romain, décrit plus haut, a permis à M. l'abbé Trouette, curé de Belloc, de sonder le terrain sur lequel il se dressait. Or, on a extrait de ce curieux gisement plusieurs mètres cubes de pierres autrefois utilisées pour d'autres constructions, à travers lesquelles on distinguait des fragments de marbre, des débris de superbes statues, notamment un bras et une main, des mosaïques et, enfin un splendide AUTEL (CIPPE) PAÏEN, certainement sans pair dans nos pays. D'ailleurs, l'aire du sanctuaire présentait sur divers points des restes de dessins antiques en mosaïque, dont on voit encore des traces assez considérables au nord-est de l'église. L'autel païen couché horizontalement, servait d'appui au sarcophage gallo-romain devenu lui-même un magnifique autel pour le culte catholique vainqueur des idoles dans ce parage autrefois profané par d'impies sacrifices.

Ce remarquable monument se dresse, maintenant, à la droite de la porte d'entrée de l'église de Saint-Clamens. Il est en marbre blanc et conserve tous ses anciens ornements, sauf les moulures de l'entablement et de la base du côté gauche, sans doute abattues pour que le tombeau reposât sans effort sur son flanc. Sa hauteur est d'un mètre cinquante centimètres, son dé a une largeur de soixante centimètres environ et il

---

(1) Cette église, ou plutôt cette petite *chapelle mortuaire*, a douze mètres vingt-sept centimètres de longueur, dans œuvre, et six mètres de largeur. Elle n'a plus qu'un lambris en planche pour voûte. La partie occidentale de l'édifice est moderne.

a quarante-neuf centimètres d'épaisseur. Une *patère* (sorte de soucoupe) et un vase destinés aux sacrifices sont sculptés sur les faces de gauche et de droite du Cippe. De gracieuses moulures déterminent un bel encadrement sur le dé de l'autel. D'autres ornent sa base et son entablement, tandis que deux élégants quatre-feuilles *encadres* parent ses angles supérieurs, qui s'amortissent en quart-de-rond vers le centre du sommet de l'autel où se montre un large réservoir (*foculus*) de dix centimètres de profondeur sur treize de diamètre, destiné à brûler de l'encens et des parfums devant les Dieux Manes du *Citoyen romain* enseveli dans le tombeau.

Ce personnage, dénommé par les trois appellations classiques de. la nomenclature romaine, s'appelait Caius Antistius Arullianus, comme nous l'apprend l'inscription bien conservée, qu'on lit en superbes caractères de dix à douze centimètres de hauteur, sur la face antérieure de l'autel. L'épigraphe est ainsi conçue :

D M

G·ANTISTII

ARVLLIANI

« *Diis Manibus Gaii ou Caii Antistii Arulliani* » — « *Aux Dieux Mânes de Gaius ou Caius Antistius Arullianus.* »

Quelques lettres sont liées en monogramme, par exemple, l'I et le T, l'N et le T de la seconde ligne, l'N et l'I de la troisième ligne. La première lettre. de la seconde ligne, plus grande que les suivantes, affecte la forme d'un G et non d'un C, mais la lecture est la même, qu'on dise GAIUS OU CAIUS.

CAIVS ANTISTIVS ARVLLIANVS, tel fut donc, selon toute apparence, le nom du citoyen romain enseveli dans le tombeau de Saint-Clamens, hier encore si plein de mystère. Nous avons dans cette épitaphe le *prœnomen*, le *nomen gentilicium* et le *cognomen* du défunt. Si le dernier mot n'est pas dit sur cette sépulture, le problème est, du moins, en bonne voie de solution.

Dans tous les cas, nous avons le ferme espoir de voir l'église de Saint-Clamens prendre bientôt rang parmi les *monuments historiques du*

Gers (1). Elle en est digne à tous égards. Son chevet est un beau reste d'architecture romane très curieux et ses monuments païens n'ont point de rivaux dans toutes nos contrées.

---

(1) Nous avons exprimé ce vœu pour la première fois dans l'*Appel au Peuple*, au mois de juillet. Un des membres les plus distingués du Conseil général du Gers, M. Seillan, se faisant l'avocat éloquent de nos désirs a demandé à l'Assemblée départementale, dans un savant rapport, de s'associer à ce vœu et de réclamer le classement que nous sollicitions. Ses conclusions ont été adoptées par le Conseil général, le 22 août 1887. M. le Président a proposé ensuite à ses collègues « de voter des félicitations à l'auteur du remarquable rapport qu'on venait d'entendre. » (*Appel au Peuple* d'Auch, 25 août 1887.)